Espalhando livros, formando leitores!

NOSSA MISSÃO

Publicar livros de qualidade que permaneçam na mente dos nossos leitores como fonte preciosa de conhecimento e de entretenimento.

Bebê Leitor é marca registrada da Bon Bini Books, selo internacional da Editora Bamboozinho.
São Paulo/SP - Brasil • Miami/FL - EUA

Conheça os nossos livros: www.bonbinibooks.com

Acompanhe nossas novidades: @bonbinibooks

Este livro foi comercializado pela Livraria Internacional Buobooks. Caso apresente algum defeito, entre em contato com: atendimento@buobooks.com.

ISBN 978-65-86389-42-5

Escrito por **Aloma**

Produção coordenada por **Suria Scapin**

Ilustrado por **JS Faria**

Diagramado por **Daniela Fujiwara**

www.bonbinibooks.com

Aloma

BICHINHOS 1

bonbini books

TEM UM BARULHINHO AQUI...

ACHO QUE É UM BICHINHO!

QUEM É ELE?

A ARIRANHA

GRRAU

O MACACO SAGUI

QUI QUI QUI

O JACARÉ

RRAU

A CUTIA

QUE QUE QUE

A CAPIVARA

PIU PIIU

A ONÇA

GRUU

O TATU

UÉÉU

A ARARA

ARARA

Sobre o livro

Este livro foi especialmente elaborados para formar o "bebê leitor". Um livro bem brasileiro para os nossos brasileirinhos.

O formato, as ilustrações e o conteúdo partem da nossa realidade para compor uma obra que estimula o bebê a se desenvolver de forma inteligente e alegre.

Além disso, o livro traz uma novidade: sem pilhas ou elementos plásticos o livro traz o som dos bichinhos de verdade, integrando o livro impresso com a tecnologia.

Basta clicar no QR Code desta página para ter acesso ao canal do Youtube da Editora Bamboozinho, parceira da Bon Bini Books no Brasil.

O "bebê leitor" se surpreenderá com a possibilidade de ver a imagem, ler o texto e ouvir o som do animal enquanto se diverte ao folhear, e "ler", as páginas do livro.

Sobre o texto e a ilustração

A leitura se inicia com um fato concreto: há um barulhinho e parece que é um bichinho. O desafio para o "bebê leitor" é descobrir qual é o bichinho.

Na página à esquerda, aparece o nome do animal. Mas como ele é?

Na página à direita, uma ilustração bem colorida mostra como é esse animal.

O barulho que ele faz também aparece registrado. Com o celular, o tablet ou o computador, é possível ouvir esse som, acessando o canal do Youtube da Editora Bamboozinho.

Na companhia de um leitor experiente, o "bebê leitor":

- aprende a relacionar nomes a imagens;
- amplia o seu vocabulário, conhecendo um maior número de animais;
- aprende a segurar o livro e a virar as suas páginas;
- descobre a leitura em voz alta;
- observa que existem desenhos e letras;
- aprende que ler é uma atividade social que traz prazer e informação.

Sobre a autora

Aloma

Nada mais gostoso do que ter uma criança bem pertinho da gente e soprar em seus ouvidos as palavras mágicas saídas de um livro. Nada mais surpreendente do que aprender coisas novas ou encontar em um livro algo que já sabemos.

As ideias iniciais que resultaram neste livro para bebês surgiram enquanto minha sobrinha, Ava, estava no meu colo e eu lia para ela. Aos dez meses, ela já sabia "ler", ou seja, já sabia o que fazer com um livro nas mãos: como segurá-lo, virar as suas páginas e mexer os lábios brincando de falar e de ler em voz alta mesmo quando ainda nem falava e nem lia de verdade. Mesmo tão pequena, Ava já era um "bebê leitor"!

Sou mãe, professora, escritora, mas principalmente uma leitora... Como quero dialogar com as novas gerações, procuro criar livros que estejam em sintonia com as mudanças tecnológicas e que, ao mesmo tempo, preservem as nossas tradições mais básicas, como estarmos diante de um livro com os nossos filhos, sobrinhos, netos, alunos... Enfim, contagiar as crianças com a leitura. Conheça o meu trabalho no blog www.bebeleitor.com.br.